ALPHABET
DE
L'ENFANT JÉSUS

MAISON ALFRED MAME & FILS

TOURS

ALPHABET
de l'enfant Jésus
MAISON A. MAME et FILS
Éditeurs à Tours

A B C D E F G

a b c d e f g

H I J K L M N

h i j k l m n

O P Q R S T U

o p q r s t u

V X Y Z W Æ Œ

v x y z w æ œ

1 2 3 4 5 6 7 8 9 0

a e i _ou_ y o u

---

accent aigu é,   *accent grave* è

accent circonflexe ê

é è ê à â î û

Ba	be	bi	bo	bu
Ca	ce	ci	co	cu
Da	de	di	do	du
Fa	fe	fi	fo	fu

Ga	ge	gi	go	gu
La	le	li	lo	lu
Ma	me	mi	mo	mu
Na	ne	ni	no	nu
Pa	pe	pi	po	pu
Qua	que	qui	quo	quu
Ra	re	ri	ro	ru
Sa	se	si	so	su
Ta	te	ti	to	tu
Va	ve	vi	vo	vu

Xa   xe   xi   xo   xu
Za   ze   zi   zo   zu

Bé-né-di-ci-té Ché-ri Fé-li-ci-té Pè-le-ri-na-ge Vé-né-ra-tion Vé-ri-té Di-vi-ni-té Mi-ra-cu-leux A-pô-tre Prê-tre Pro-phè-te Dieu Bon-té Dou-ceur Cha-ri-té Es-pé-ran-ce Hu-mi-li-té Gé-né-ro-si-té In-no-cen-ce Pu-re-té Ou-vri-er Jé-sus Ma-rie Sou-mis-si-on Tri-ni-té.

MES CHERS PETITS ENFANTS

Voici un livre qui vous apprendra à connaître et à aimer l'Enfant Jésus. C'est un alphabet dont chaque lettre vous présentera l'image du divin Enfant et vous rappellera une de ses vertus ou de ses perfections. Une parole inspirée par l'Évangile accompagne partout l'image de Jésus. Vous lirez cette parole pieuse avec respect et amour; vos bons parents vous aideront à la comprendre, et vous la conserverez dans votre cœur comme une goutte de parfum tombée au fond d'un vase.

Vous trouverez aussi dans ce livre les scènes illustrées de la vie de Jésus enfant; une petite instruction vous en donnera toujours l'explication et la morale. Lisez-la comme tombant de la bouche de Jésus lui-même, qui veut, selon la faiblesse de votre âge, vous nourrir tendrement de la parole de vie.

J. DE BELLUNE

CHANOINE DE L'ÉGLISE MÉTROPOLITAINE DE TOURS

Amour

Mes chers petits enfants, aimez Dieu plus que toutes choses : il est votre créateur et votre sauveur. Aimez vos chers parents, qui tiennent près de vous la place de Dieu.

Bonté

Vous serez bons si vous ressemblez à Jésus, la Bonté même, et si vous lui obéissez.

LA NATIVITÉ

L'Enfant Jésus vient au monde dans une froide étable. Son premier regard est pour sa mère; il lui sourit doucement et lui tend les bras.

Marie s'agenouille pour l'adorer, car cet enfant pauvre est vraiment son Dieu.

Joseph les contemple, et les anges, inclinés, entourent en chantant le divin berceau.

Jésus a voulu naître dans l'indigence, afin de nous apprendre que les vrais trésors ne sont pas ceux de la terre.

Charité

La charité est une vertu
venue du ciel, qui nous fait
aimer Dieu pour lui-même
et le prochain pour l'amour
de Dieu.

Douceur

Soyez doux comme Jésus,
et vous serez aimés de Jésus.

L'ADORATION DES BERGERS

Des bergers, avertis par les anges, quittent leurs troupeaux, et courent à Bethléhem.

Ils arrivent à la pauvre étable, et trouvent Jésus dans la crèche.

Avec Marie et Joseph, ce sont ses premiers adorateurs.

Jésus est humble, et il aime ceux qui sont humbles; il se plaît avec les petits, avec les simples, avec tous ceux qui ont le cœur droit et pur.

Voilà pourquoi il attire à lui ces pauvres bergers; voilà pourquoi il a tant d'amour pour les petits enfants.

ESPÉRANCE

L'espérance chrétienne nous donne une ferme confiance que nous irons un jour au ciel, avec le secours de Dieu.

FOI

La foi est une vertu par laquelle nous croyons fermement tout ce que l'Église nous enseigne de la part de Dieu.

L'ADORATION DES MAGES

Les savants et les riches viennent à la crèche après les pauvres ; les rois Mages, conduits par une étoile, viennent, après les bergers, adorer Jésus dans l'étable.

Marie le tient sur ses genoux et leur montre le divin Enfant.

Ils lui offrent de précieux présents : de l'or, de l'encens, de la myrrhe.

L'Enfant Jésus n'a pas besoin de nos dons, mais il veut bien les accepter. Donnons-lui surtout notre cœur : c'est le seul bien qu'il nous demande.

GÉNÉROSITÉ

Être généreux, c'est ré-
pandre avec joie autour de
soi les biens qu'on a reçus
de Dieu.

HUMILITÉ

Dieu déteste l'orgueil :
il aime les enfants humbles
qui reconnaissent leurs dé-
fauts et leurs faiblesses.

PRÉSENTATION AU TEMPLE

Marie et Joseph présentent Jésus au temple, ainsi que l'ordonnait la loi de Moïse. Ils offrent, comme les pauvres, deux petites tourterelles: car ils ne sont pas assez riches pour donner davantage.

Le vieillard Siméon prend l'Enfant Jésus entre ses bras et prédit qu'il sera la lumière des nations.

Une pieuse femme, nommée Anne, annonce que cet Enfant sera le Sauveur du monde.

Jésus s'offre en victime à son Père, et, en se soumettant à la loi commune, il nous apprend à obéir.

INNOCENCE

Rien n'est plus beau que
l'innocence; c'est-à-dire que
la blancheur d'une âme
sans tache.

JUSTICE

Rendre à chacun ce qui

lui est dû, c'est la justice.

LA FUITE EN ÉGYPTE

Hérode envoie des soldats pour mettre à mort l'Enfant Jésus.

Joseph s'enfuit aussitôt avec Marie et l'Enfant-Dieu.

Ils voyagent pauvrement. Joseph fait le chemin à pied ; Marie, qui tient Jésus entre ses bras, est portée sur un âne. De temps en temps elle regarde Jésus, et Jésus la regarde en souriant, et elle embrasse son cher Fils.

Le petit âne ne connaît pas la route, mais un ange le conduit pour qu'il ne se trompe pas de chemin. Quand on voyage avec Jésus, on ne s'égare jamais.

Kyrie Eleison

« Seigneur, ayez pitié de nous ! »

Demandons souvent à Dieu, comme le prêtre disant cette prière à l'autel, qu'Il ait pitié de notre misère.

Lumière

La plus belle de toutes les lumières, c'est la lumière de la vérité.

LE REPOS EN ÉGYPTE

Les voyageurs s'arrêtent pour se reposer.

Joseph regarde si la route est encore longue; Jésus dort, Marie le tient sur ses genoux et s'est assise, bien lasse.

On dit qu'un jour l'Enfant et la Mère se reposaient ainsi sous un dattier.

Marie aurait voulu se rafraîchir avec les dattes qui pendaient sur l'arbre : mais elle ne pouvait pas les cueillir, parce que les fruits étaient trop haut : Jésus étendit sa main, et les branches s'abaissèrent.

Avec Jésus on ne manque jamais de rien.

M

MORTIFICATION

—

Mortifiez vos defauts, c'est-à-dire combattez-les pour vous en corriger.

NAÏVETÉ

—

Soyez simples comme la colombe : c'est le conseil de Jésus.

SÉJOUR EN ÉGYPTE

En Égypte, Joseph gagnait sa vie par son travail. Jésus n'était point encore assez fort pour lui aider; mais, agenouillé à côté de Marie, il priait avec ferveur et demandait grâce à son Père pour les péchés des hommes.

Un enfant trop faible pour travailler avec ses parents peut toujours prier Dieu pour leur bonheur : la prière d'un cœur pur est toujours exaucée.

Ouvrier

------ ✦ ------

Jésus a voulu être ou-
vrier pour nous apprendre
à aimer le travail et à hono-
rer les travailleurs.

Pureté

------ ✦ ------

La pureté est l'éclat d'un
cœur sans péché.

RETOUR D'ÉGYPTE

Après quelques années d'exil, un ange vient avertir Joseph que Hérode est mort, et qu'il peut rentrer dans son pays.

Joseph, Marie et l'Enfant divin reprennent avec joie le chemin de la patrie.

C'est l'obéissance qui les a conduits en Égypte, c'est l'obéissance qui les ramène à Nazareth.

Quand on accomplit docilement la volonté de Dieu, on échappe à tous les dangers.

QUIÉTUDE

La quiétude est la paix que donne une bonne conscience.

ROYAUTÉ

Le roi des âmes, c'est Jésus : obéissez toujours à ce roi si grand et si bon.

RENCONTRE DE JÉSUS ET DE SAINT JEAN-BAPTISTE

La première fois que Jésus et Jean-Baptiste, fils d'Élisabeth, se rencontrèrent, ce fut une grande joie pour eux.

Jésus jeta ses bras autour du cou de Jean-Baptiste et l'embrassa; Jean reçut ce baiser à genoux, avec beaucoup de respect et d'amour.

C'est un beau jour que celui où l'on comprend combien Jésus est doux, et où l'on reçoit de lui, pour la première fois, le tendre baiser qu'il donne aux enfants bons et pieux.

Soumission

Voulez-vous être heureux? Obéissez à Dieu, à vos parents et à vos maîtres.

Trinité

Un seul Dieu en trois personnes : c'est le grand mystère de la foi.

JÉSUS SERVANT MARIE

A Nazareth, Jésus aimait à servir Marie sa sainte Mère.

Il présentait ses bras et se tenait debout devant elle, pour qu'elle dévidât son fil. Notre vie sur la terre est comme un écheveau embrouillé : nous ignorons notre avenir.

Présentons cet écheveau à Marie notre mère, pour qu'elle le démêle avec nous ; elle nous préparera une existence heureuse, si nous la servons fidèlement, et si nous mettons en elle notre confiance.

Unité

Toutes les âmes s'unissent par la charité, qui est le lien des cœurs.

Vocation

Chacun de nous a son sentier à suivre pour arriver au Ciel : c'est ce qu'on appelle la vocation.

INTÉRIEUR DE NAZARETH

Joseph était charpentier. L'Enfant divin ne dédaignait pas de partager son travail; il maniait, comme lui, le ciseau et le rabot.

Ne rougissons jamais d'un travail honnête, fût-il obscur et grossier.

Rougissons plutôt de l'oisiveté; comme l'oiseau est fait pour voler, l'homme est fait pour travailler.

X

Première lettre du nom de *Christ* dans la langue grecque.

Le nom de Jésus-Christ est un nom adorable : prononcez-le toujours avec beaucoup d'amour et de respect.

Yole

OU PETITE BARQUE

Votre âme est une petite barque qu'il faut conduire au ciel.

JÉSUS AU MILIEU DES DOCTEURS

À l'époque de la fête de Pâques, Marie et Joseph menèrent Jésus à Jérusalem. L'Enfant divin avait douze ans.

Lorsque ses parents voulurent revenir à Nazareth, ils s'aperçurent qu'il n'était plus avec eux.

L'ayant cherché, ils le trouvèrent dans le temple où il enseignait les docteurs juifs, émerveillés de sa sagesse.

Un enfant chrétien qui écoute les leçons d'une mère pieuse est plus savant que ceux qui croient tout savoir, mais qui ne savent pas leur catéchisme.

ZÈLE

Le zèle, c'est le désir ardent de faire connaître Dieu et de le faire aimer.

Divin Jésus, nous vous quittons; mais nous n'oublierons pas les leçons que nous a données votre enfance : nous nous efforcerons d'en profiter. Nous serons des enfants pieux, obéissants, doux, laborieux et sages; et nous ferons, en vous imitant, la consolation de nos chers parents, qui nous apprennent à vous aimer.

BÉNÉDICITÉ

Avant chaque repas, Jésus, Marie et Joseph remerciaient Dieu du pain qu'il leur donnait.

Leur table était pauvrement servie, mais ils se contentaient de peu.

Combien d'enfants ne pensent pas à rendre grâces à Dieu pour une nourriture abondante et délicate!

Combien se plaignent lorsqu'ils ne sont pas servis à leurs goûts et selon leurs caprices!

Combien ne réfléchissent pas que beaucoup de petits enfants pauvres seraient bien heureux de manger ce dont ils ne veulent pas!

38419. — TOURS, IMPRIMERIE MAME

www.ingramcontent.com/pod-product-compliance
Lightning Source LLC
Chambersburg PA
CBHW061120050726
47594CB00005B/2021